AF205725

Impressum
Verlag: BABADADA GmbH, Nedderfeld 112 , 22529 Hamburg
Geschäftsführer / Verlagsleitung: Harald Hof
Druck: Books on Demand GmbH, In de Tarpen 42, 22848 Norderstedt

Imprint
Publisher: BABADADA GmbH, Nedderfeld 112 , 22529 Hamburg, Germany
Managing Director / Publishing direction: Harald Hof
Print: Books on Demand GmbH, In de Tarpen 42, 22848 Norderstedt, Germany

1

sekolah

school

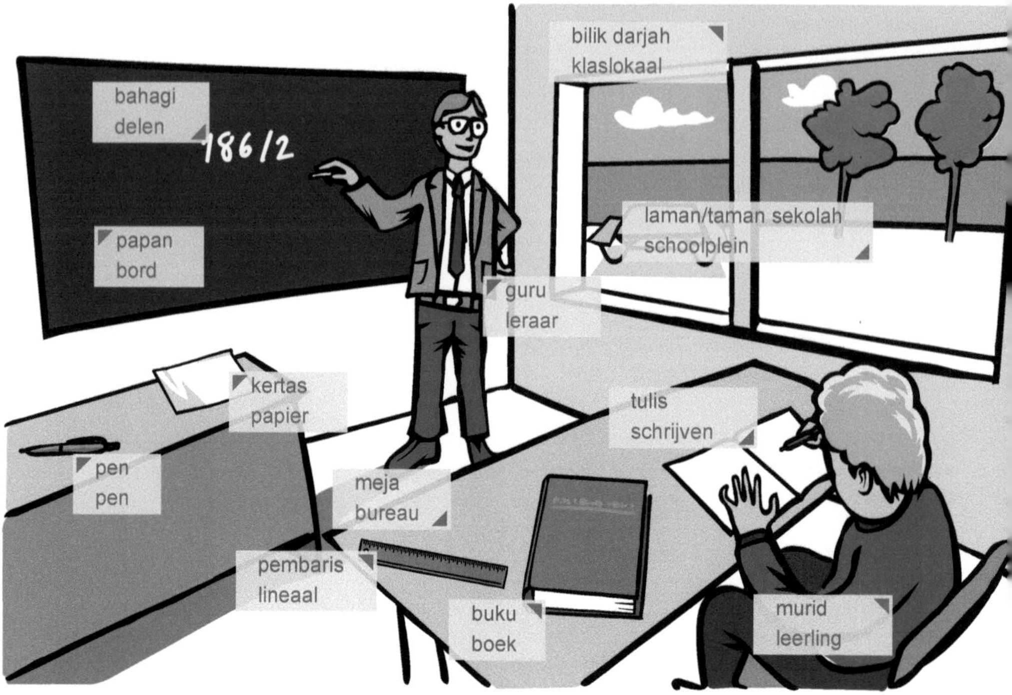

bilik darjah
klaslokaal
bahagi
delen
186/2
papan
bord
laman/taman sekolah
schoolplein
guru
leraar
kertas
papier
tulis
schrijven
pen
pen
meja
bureau
pembaris
lineaal
buku
boek
murid
leerling

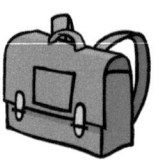

beg galas

schooltas

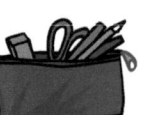

kotak pensel

etui

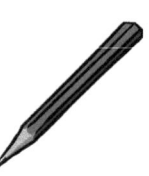

pensel

potlood

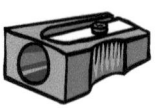

pengasah pensel

puntenslijper

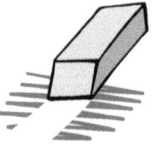

pemadam

gum

kertas lukisan

schetsblok

melukis
....
tekening

berus lukis
....
penseel

kotak warna
....
verfdoos

gunting
....
schaar

gam
....
lijm

buku latihan
....
schrift

kerja rumah
....
huiswerk

12

nombor
....
getal

2+2

tambah
....
optellen

5-2

tolak
....
aftrekken

2×2

darab
....
vermenigvuldigen

kira
....
rekenen

A

huruf
....
letter

ABCDEFG HIJKLMN OPQRSTU VWXYZ

abjad
....
alfabet

hello

kata
....
woord

teks
....
tekst

baca
....
lezen

kapur
....
krijt

pelajaran
....
les

daftar
....
klassenboek

peperiksaan
....
examen

sijil
....
diploma

uniform sekolah
....
schooluniform

pendidikan
....
opleiding

ensiklopedia
....
encyclopedie

universiti
....
universiteit

mikroskop
....
microscoop

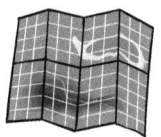

peta
....
kaart

bakul sampah
....
prullenmand

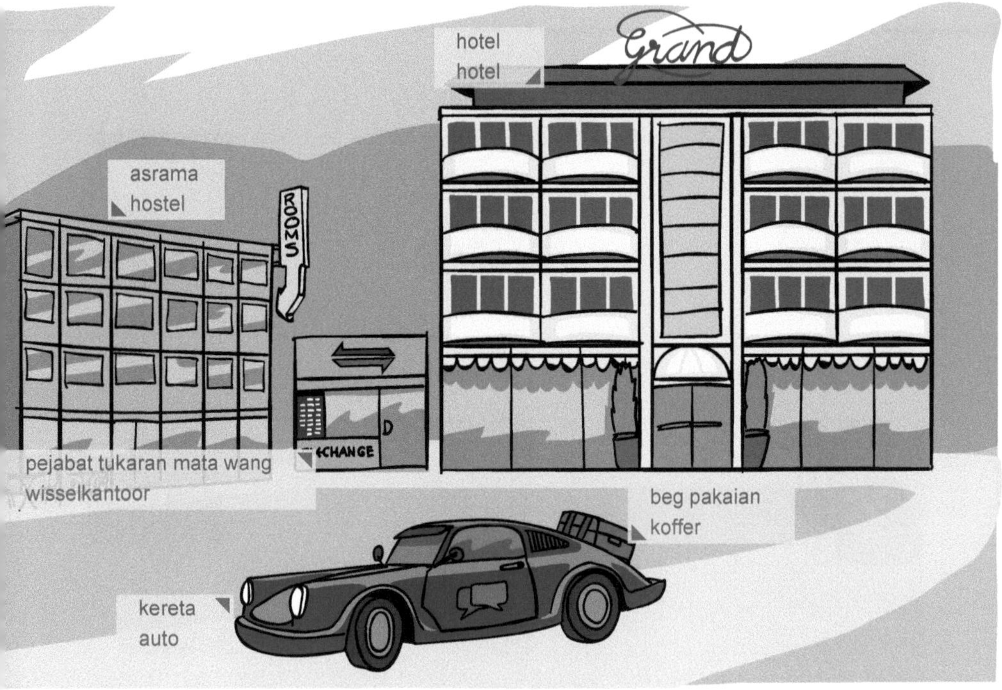

hotel
hotel

Grand

asrama
hostel

ROOMS

pejabat tukaran mata wang
wisselkantoor

ECHANGE

beg pakaian
koffer

kereta
auto

bahasa
taal

ya / tidak
ja / nee

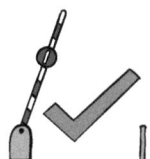

okey
oké

helo
Hallo!

penterjemah
tolk

Terima kasih
Bedankt.

berapa banyak…?

Wat kost …?

saya tidak faham

Ik begrijp het niet.

masalah

probleem

Selamat petang!

Goedenavond!

Selamat Pagi!

Goedemorgen!

Selamat Malam!

Goedenacht!

selamat tinggal

Tot ziens!

arah

richting

bagasi

bagage

beg

tas

beg galas

rugzak

tetamu

gast

bilik tidur

kamer

beg tidur

slaapzak

khemah

tent

maklumat pelancong

VVV-kantoor

pantai

strand

kad kredit

creditkaart

sarapan

ontbijt

makan tengah hari

lunch

makan malam

diner

tiket

kaartje

lif

lift

setem

postzegel

sempadan

grens

kastam

douane

kedutaan

ambassade

visa

visum

pasport

paspoort

pengangkutan
transport

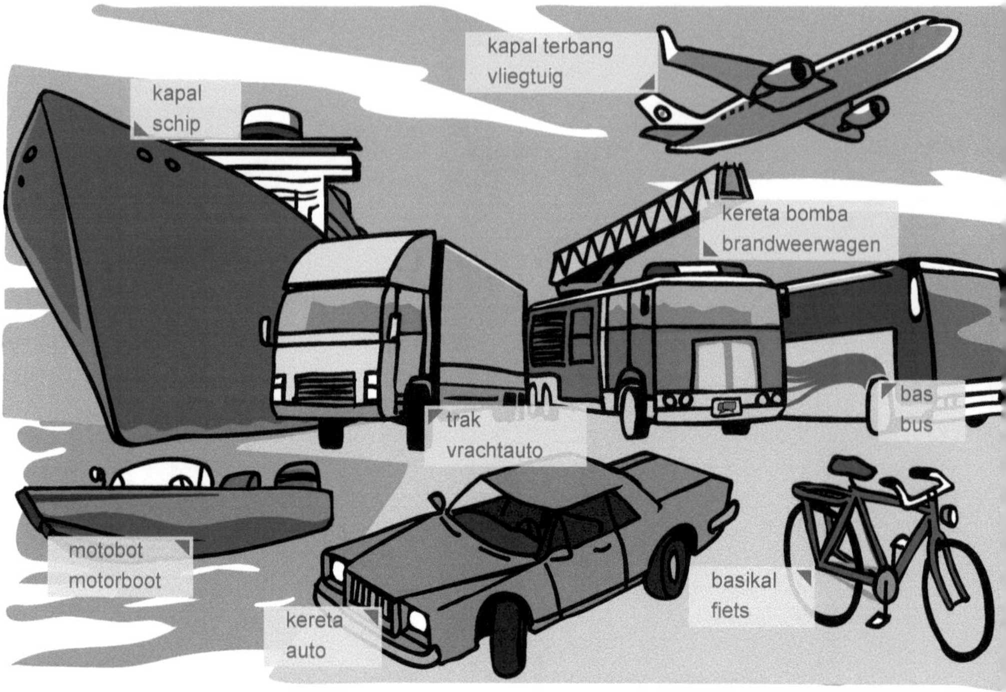
kapal terbang
vliegtuig
kapal
schip
kereta bomba
brandweerwagen
bas
bus
trak
vrachtauto
motobot
motorboot
basikal
fiets
kereta
auto

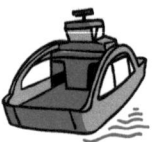

feri

veerboot

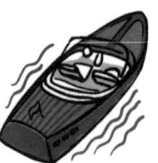

bot

boot

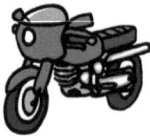

motosikal

motorfiets

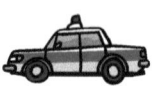

kereta polis

politiewagen

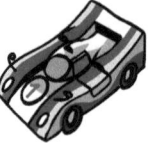

kereta lumba

raceauto

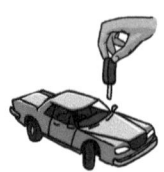

kereta sewa

huurauto

berkongsi kereta

carsharing

trak tunda

takelwagen

trak menolak

vuilniswagen

motor

motor

bahan api

benzine

stesen minyak

benzinepomp

tanda trafik

verkeersbord

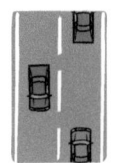

trafik

verkeer

kesesakan lalu lintas

file

tempat parkir

parkeerplaats

stesen kereta api

station

trek

rails

kereta api

trein

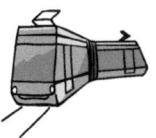

trem

tram

gerabak

wagon

helikopter

helikopter

lapangan terbang

luchthaven

Menara

toren

penumpang

passagier

bekas

container

kadbod

verhuisdoos

kart

kar

bakul

mand

berlepas / mendarat

opstijgen / landen

bandar

stad

kampung

dorp

pusat bandar

stadscentrum

rumah

huis

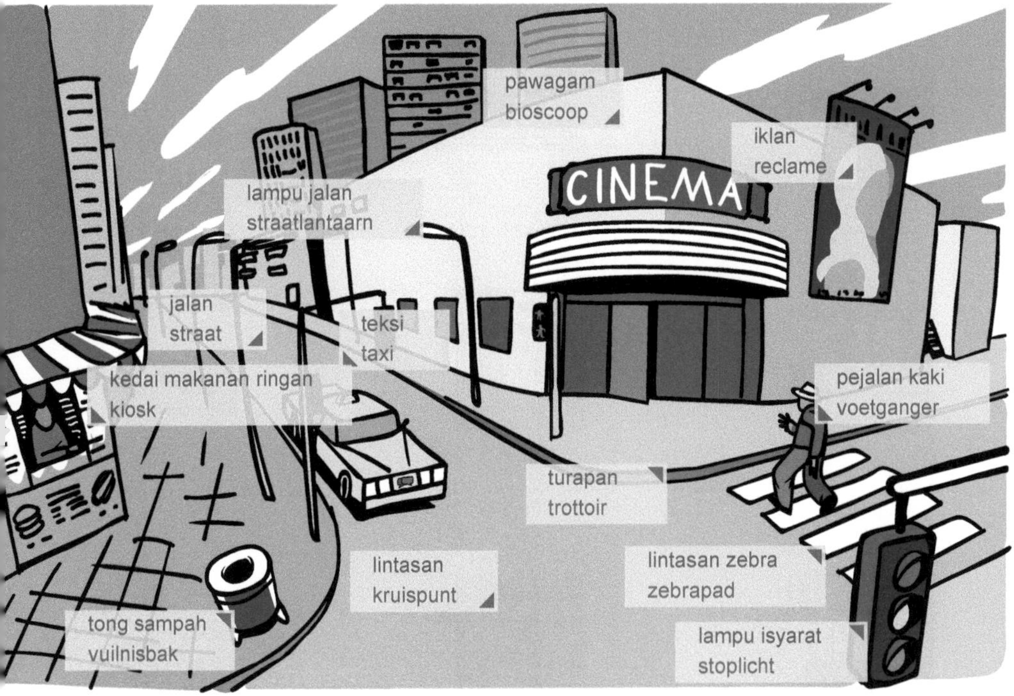

pawagam
bioscoop

iklan
reclame

lampu jalan
straatlantaarn

CINEMA

jalan
straat

teksi
taxi

kedai makanan ringan
kiosk

pejalan kaki
voetganger

turapan
trottoir

lintasan
kruispunt

lintasan zebra
zebrapad

tong sampah
vuilnisbak

lampu isyarat
stoplicht

pondok
....
hut

flat
....
appartement

stesen kereta api
....
station

dewan bandar
....
stadhuis

muzium
....
museum

sekolah
....
school

bandar - stad

11

universiti

universiteit

bank

bank

hospital

ziekenhuis

hotel

hotel

farmasi

apotheek

pejabat

kantoor

kedai buku

boekenwinkel

kedai

winkel

kedai bunga

bloemenwinkel

pasar raya

supermarkt

pasaran

markt

gedung

warenhuis

penjual ikan

visboer

pusat membeli-belah

winkelcentrum

pelabuhan

haven

taman

park

bangku

bank

jambatan

brug

tangga

trap

bawah tanah

metro

terowong

tunnel

hentian bas

bushalte

bar

bar

restoran

restaurant

peti surat

brievenbus

papan tanda jalan

straatnaambord

meter parkir

parkeermeter

zoo

dierentuin

kolam renang

zwembad

masjid

moskee

ladang

boerderij

pencemaran

vervuiling

tanah perkuburan

begraafplaats

gereja

kerk

taman permainan

speelplaats

kuil

tempel

landskap
landschap

daun
blad

tiang tanda
wegwijzer

jalan
weg

padang rumput
weide

batu
steen

pejalan kaki
wandelaar

pokok
boom

sungai
rivier

rumput
gras

bunga
bloem

lembah

vallei

bukit

berg

tasik

meer

hutan

bos

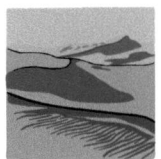

padang pasir

woestijn

gunung berapi

vulkaan

istana

kasteel

pelangi

regenboog

cendawan

paddenstoel

pokok kelapa sawit

palmboom

nyamuk

mug

terbang

vlieg

semut

mier

lebah

bij

labah-labah

spin

kumbang

kever

katak

kikker

tupai

eekhoorn

landak

egel

arnab

haas

burung hantu

uil

burung

vogel

angsa

zwaan

babi jantan

wild zwijn

rusa

hert

moose

eland

empangan

stuwdam

turbin angin

windmolen

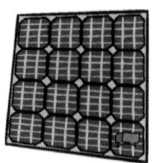

panel solar

zonnepaneel

iklim

klimaat

restoran

restaurant

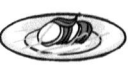

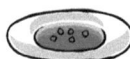

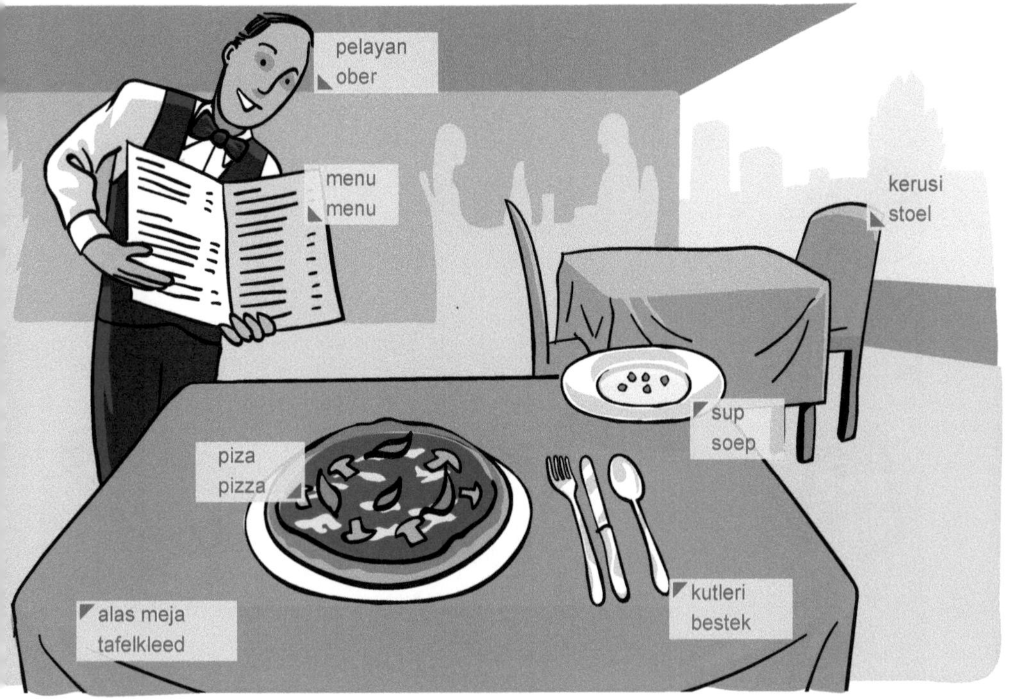
pelayan
ober
menu
menu
kerusi
stoel
sup
soep
piza
pizza
alas meja
tafelkleed
kutleri
bestek

pemula

voorgerecht

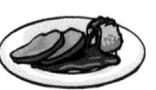

hidangan utama

hoofdgerecht

pencuci mulut

toetje

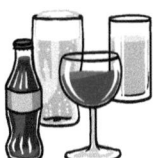

minuman

dranken

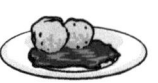

makanan

eten

botol

fles

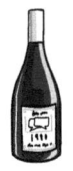

makanan segera

fastfood

makanan jalanan

eetkraampje

teko

theepot

mangkuk gula

suikerpot

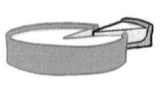

bahagian

portie

mesin espreso

espressomachine

kerusi tinggi

kinderstoel

bil

rekening

dulang

dienblad

pisau

mes

garfu

vork

sudu

lepel

sudu teh

theelepel

serviette

servet

gelas

glas

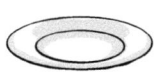

pinggan

bord

mangkuk sup

soepbord

piring

schotel

sos

saus

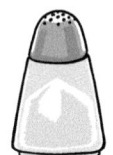

tempat garam

zoutvaatje

pengisar lada

pepermolen

cuka

azijn

minyak

olie

rempah

kruiden

sos

ketchup

mustard

mosterd

mayones

mayonaise

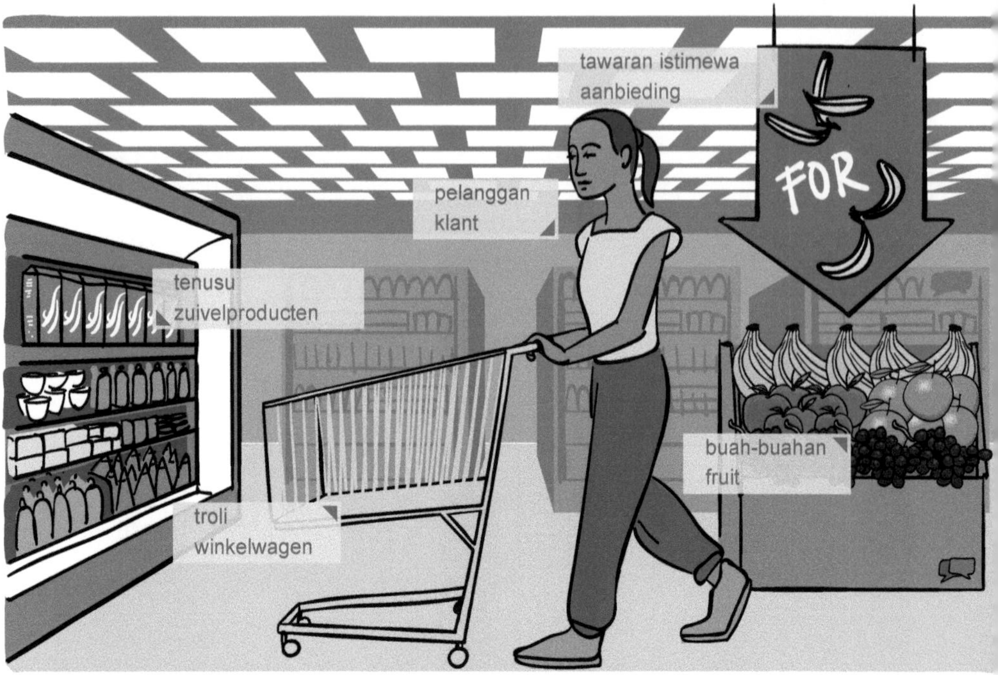

tawaran istimewa
aanbieding

FOR

pelanggan
klant

tenusu
zuivelproducten

buah-buahan
fruit

troli
winkelwagen

tukang daging	kedai roti	berat
slager	bakkerij	wegen
	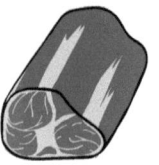	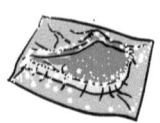
sayur-sayuran	daging	makanan sejuk beku
groente	vlees	diepvriesproducten

daging sejuk

vleeswaren

makanan dalam tin

conserven

serbuk pencuci

wasmiddel

gula-gula

snoepgoed

produk isi rumah

huishoudelijke artikelen

produk pembersihan

schoonmaakmiddel

orang jualan

verkoopster

daftar tunai

kassa

juruwang

kassier

senarai membeli-belah

boodschappenlijstje

waktu pembukaan

openingstijden

beg duit

portefeuille

kad kredit

creditkaart

beg

tas

beg plastik

plastic zak

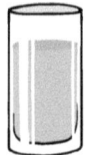

air
....
water

jus
....
sap

susu
....
melk

kola
....
cola

wain
....
wijn

bir
....
bier

alkohol
....
alcohol

koko
....
chocolademelk

the
....
thee

kopi
....
koffie

espreso
....
espresso

kapucino
....
cappuccino

pisang

banaan

epal

appel

oren

sinaasappel

tembikai

watermeloen

lemon

citroen

lobak merah

wortel

bawang putih

knoflook

buluh

bamboe

bawang

ui

cendawan

paddenstoel

kacang

noten

mi

pasta

spageti

spaghetti

nasi

rijst

salad

salade

kerepek

friet

kentang goreng

gebakken aardappelen

piza

pizza

hamburger

hamburger

sandwic

sandwich

kutlet

schnitzel

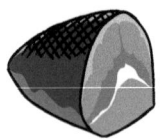

ham

ham

salami

salami

sosej

worst

ayam

kip

panggang

gebraad

ikan

vis

bubur oat	muesli	emping jagung
havermout	muesli	cornflakes

tepung	kroisan	roti roll
meel	croissant	broodjes

roti	roti bakar	biskut
brood	toast	koekjes

mentega	dadih	kek
boter	kwark	taart
		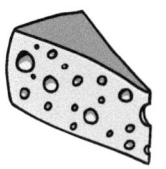
telur	telur goreng	keju
ei	gebakken ei	kaas

ais krim

ijs

gula

suiker

madu

honing

jem

jam

krim nougat

chocoladepasta

kari

kerrie

ladang
boerderij

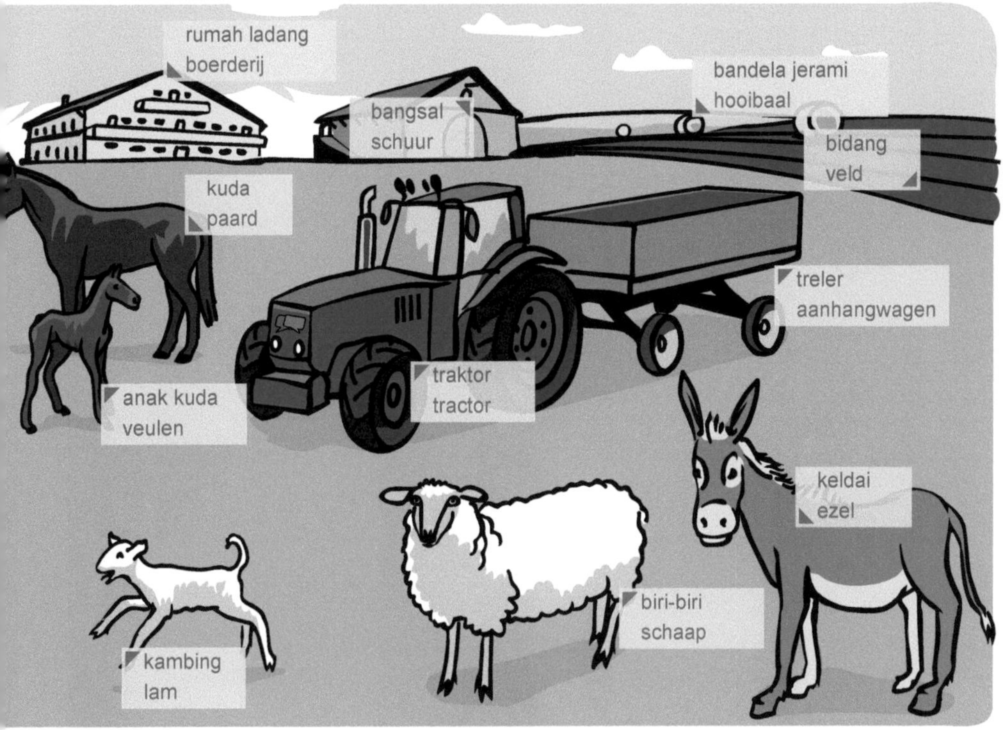
rumah ladang
boerderij
bangsal
schuur
bandela jerami
hooibaal
bidang
veld
kuda
paard
treler
aanhangwagen
anak kuda
veulen
traktor
tractor
keldai
ezel
biri-biri
schaap
kambing
lam

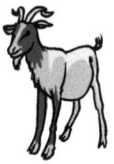

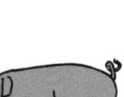

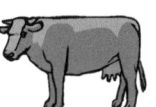

kambing
geit

lembu
koe

anak lembu
kalf

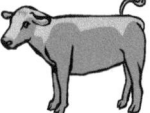

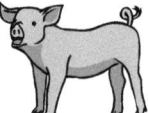

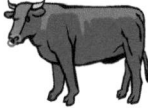

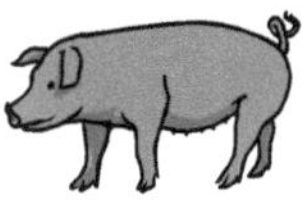
babi
varken

anak babi
big

lembu
stier

angsa

gans

itik

eend

anak ayam

kuiken

ayam betina

kip

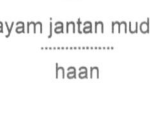

ayam jantan muda

haan

tikus

rat

kucing

kat

tikus

muis

lembu jantan

os

anjing

hond

rumah anjing

hondenhok

hos taman

tuinslang

bekas siraman

gieter

sabit

zeis

bajak

ploeg

sabit

sikkel

cangkul

schoffel

serampang peladang

hooivork

kapak

bijl

kereta sorong

kruiwagen

palung

trog

tin susu

melkbus

karung

zak

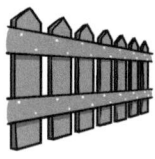

pagar

hek

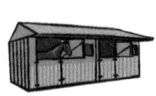

stabil

stal

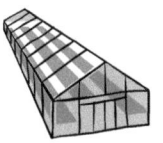

rumah hijau

broeikas

tanah

grond

benih

zaad

baja

mest

jentuai

maaidorser

tuai

oogsten

menuai

oogst

keladi

yam

gandum

tarwe

soya

soja

kentang

aardappel

jagung

maïs

biji sawi

koolzaad

pokok buah-buahan

fruitboom

ubi kayu

maniok

bijirin

granen

rumah
huis

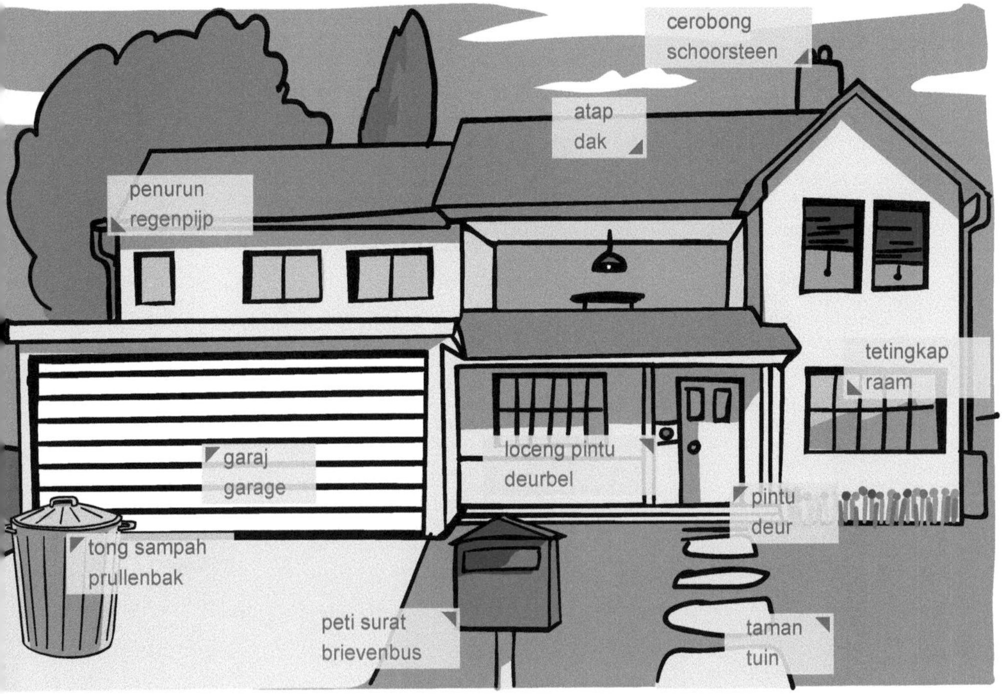
cerobong
schoorsteen
atap
dak
penurun
regenpijp
tetingkap
raam
garaj
garage
loceng pintu
deurbel
pintu
deur
tong sampah
prullenbak
peti surat
brievenbus
taman
tuin

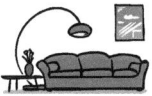

ruang tamu

woonkamer

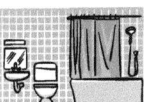

bilik air

badkamer

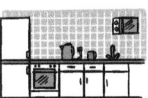

dapur

keuken

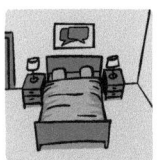

bilik tidur

slaapkamer

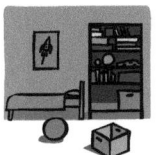

bilik kanak-kanak

kinderkamer

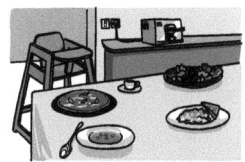

ruang makan

eetkamer

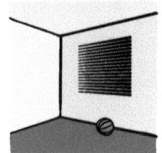

lantai
....
vloer

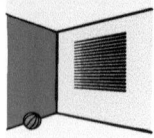

dinding
....
muur

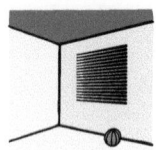

siling
....
plafond

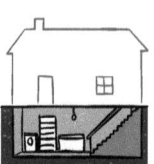

bilik bawah tanah
....
kelder

sauna
....
sauna

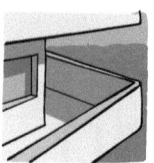

balkoni
....
balkon

teres
....
terras

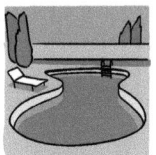

kolam renang
....
zwembad

pemotong rumput
....
grasmaaier

lembaran
....
laken

penutup tilam
....
bedsprei

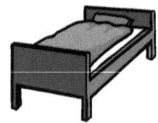

katil
....
bed

penyapu
....
bezem

timba
....
emmer

suis
....
schakelaar

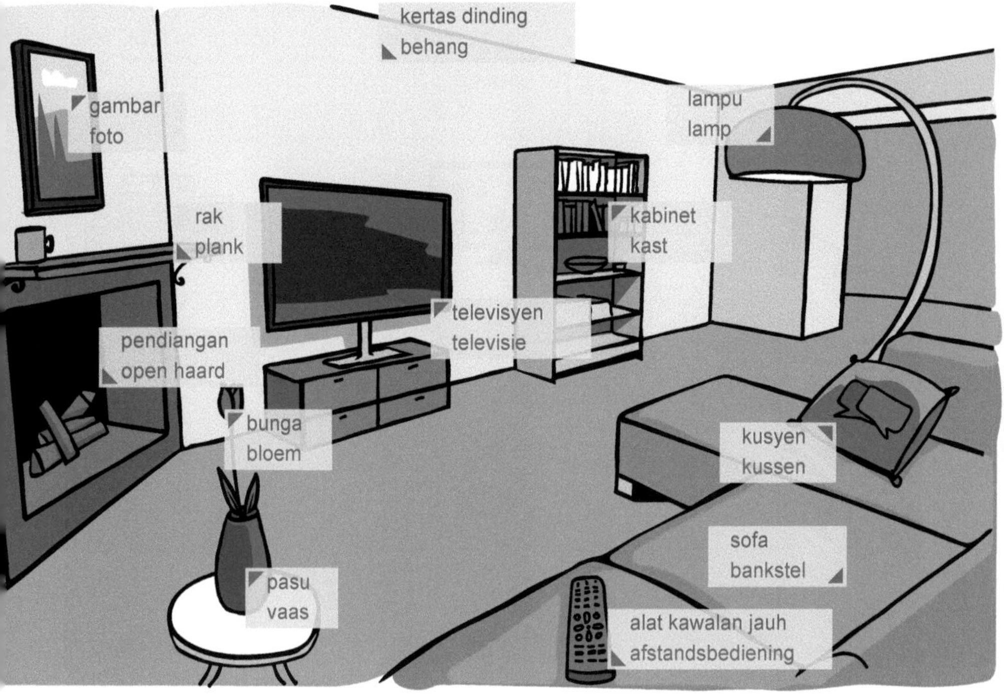

kertas dinding
behang

gambar
foto

lampu
lamp

rak
plank

kabinet
kast

pendiangan
open haard

televisyen
televisie

bunga
bloem

kusyen
kussen

sofa
bankstel

pasu
vaas

alat kawalan jauh
afstandsbediening

permaidani
tapijt

tirai
gordijn

meja
tafel

kerusi
stoel

kerusi malas
schommelstoel

kerusi
stoel

buku
boek

selimut
deken

hiasan
decoratie

kayu api
brandhout

filem
film

hi-fi
stereo-installatie

kunci
sleutel

akhbar
krant

lukisan
schilderij

poster
poster

radio
radio

buku catatan
kladblok

penyedut habuk
stofzuiger

kaktus
cactus

lilin
kaars

dapur
keuken

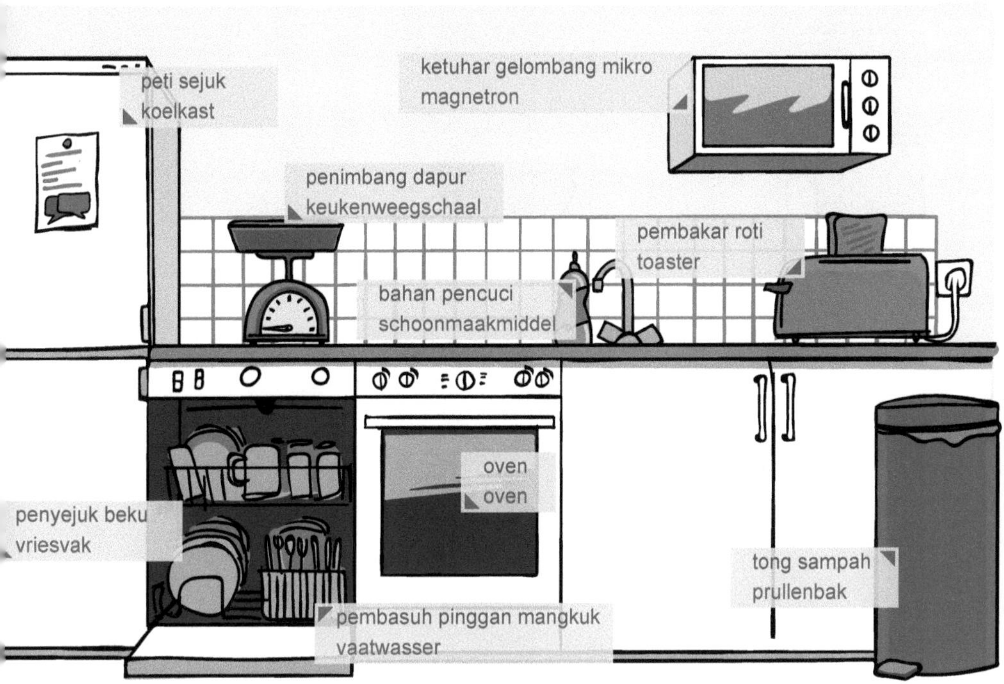
peti sejuk
koelkast
ketuhar gelombang mikro
magnetron
penimbang dapur
keukenweegschaal
pembakar roti
toaster
bahan pencuci
schoonmaakmiddel
oven
oven
penyejuk beku
vriesvak
tong sampah
prullenbak
pembasuh pinggan mangkuk
vaatwasser

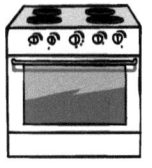

periuk dapur
fornuis

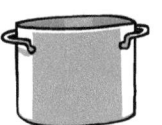

periuk
pan

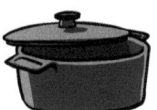

periuk besi
gietijzeren pan

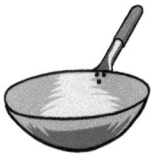

kuali
wok / kadai

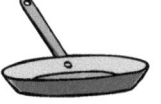

pan
koekenpan

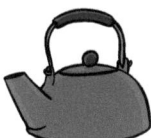

cerek
ketel

pengukus
stoomkoker

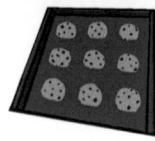

dulang pembakar
bakplaat

pinggan mangkuk
servies

koleh
beker

mangkuk
kom

penyepit
eetstokjes

senduk
soeplepel

spatula
spatel

pengadun
garde

penapis
vergiet

ayak
zeef

pemarut
rasp

mortar
vijzel

barbeku
barbecue

pembakaran terbuka
vuurhaard

papan pencincang

snijplank

pin golekan

deegroller

skru gabus

kurkentrekker

tin

blik

pembuka tin

blikopener

pemegang periuk

pannenlap

sinki

wasbak

berus

borstel

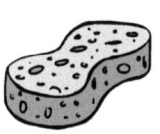

span

spons

pengisar

blender

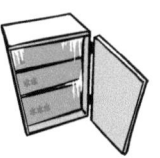

penyejuk beku

vriezer

botol bayi

babyflesje

paip

kraan

bilik air
badkamer

pemanasan
verwarming
mandi
douche
tuala
handdoek
tirai mandi
douchegordijn
mandi buih
bubbelbad
tab mandi
bad
gelas
glas
mesin basuh
wasmachine
paip
kraan
jubin
tegels
tandas
potje
sinki
wasbak

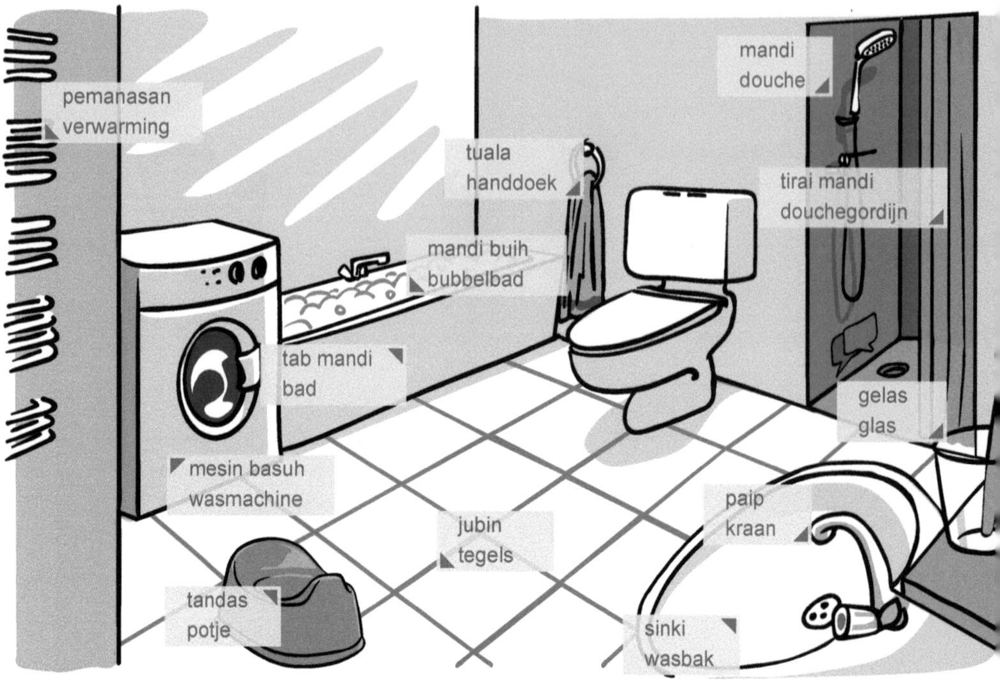

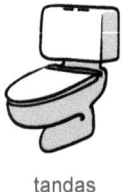

tandas

toilet

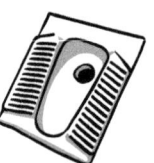

tandas mencangkung

hurktoilet

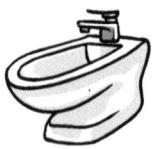

mangkuk tandas

bidet

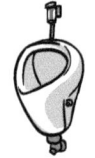

tandas awam

urinoir

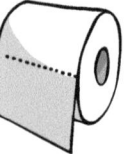

kertas tandas

toiletpapier

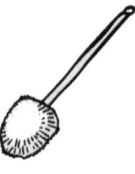

berus tandas

toiletborstel

berus gigi

tandenborstel

ubat gigi

tandpasta

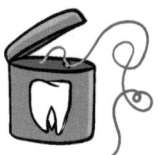

flos gigi

flosdraad

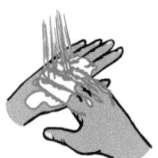

cuci

wassen

mandian tangan

handdouche

pancuran

toiletdouche

besen

waskom

belakang berus

rugborstel

sabun

zeep

gel mandian

douchegel

syampu

shampoo

flanel

washanje

longkang

afvoer

krim

creme

deodoran

deodorant

cermin

spiegel

cermin tangan

make-upspiegel

pisau cukur

scheermes

busa cukur

scheerschuim

selepas cukur

aftershave

sikat

kam

berus

borstel

pengering rambut

haardroger

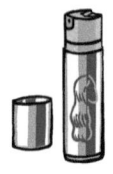

semburan rambut

haarspray

mekap

make-up

gincu

lippenstift

varnis kuku

nagellak

bulu kapas

watten

gunting kuku

nagelschaartje

pewangi

parfum

beg basuhan

toilettas

bangku

kruk

skala berat

weegschaal

jubah mandi

badjas

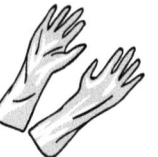

sarung tangan getah

rubber handschoenen

kapas

tampon

tuala wanita

maandverband

tandas kimia

chemisch toilet

bilik kanak-kanak
kinderkamer

jam loceng
wekker
mainan kegemaran
knuffeldier
kereta mainan
speelgoedauto
kerincing bayi
rammelaar
rumah anak patung
poppenhuis
hadiah
cadeau

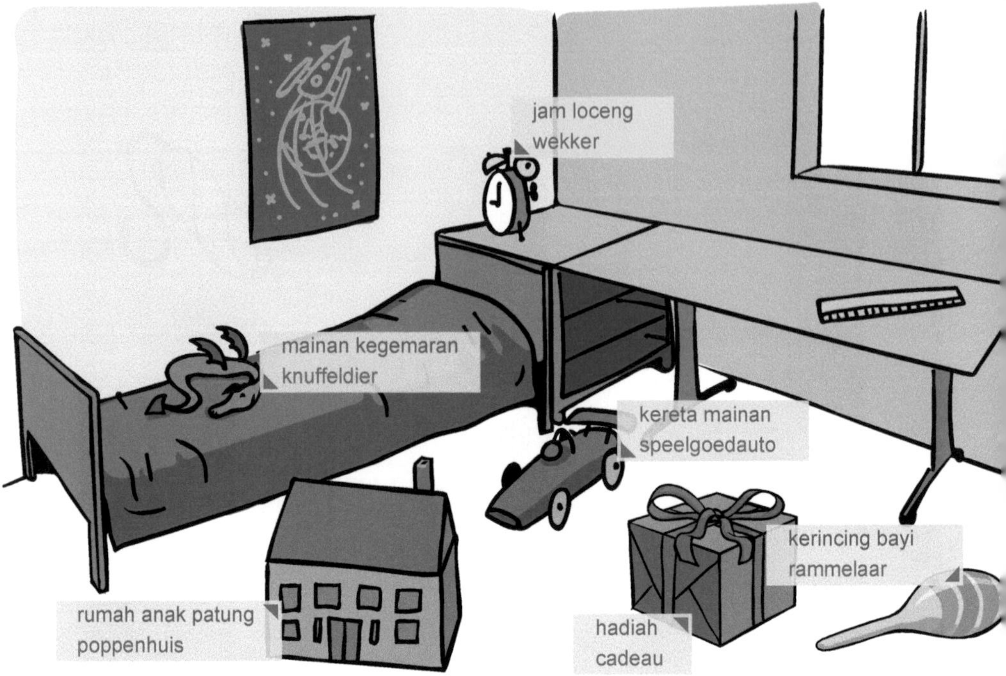

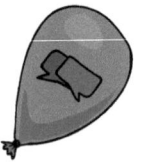

belon

ballon

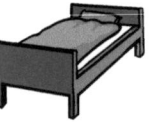

katil

bed

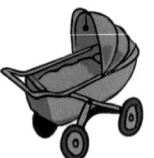

kereta sorong bayi

kinderwagen

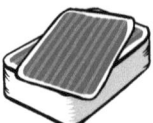

set kad

kaartspel

susun suai gambar

puzzel

SUPER MEGA

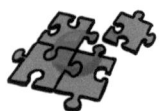

komik

stripverhaal

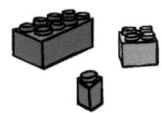

batu bata lego
....
legostenen

blok mainan
....
speelgoedblokken

figura aksi
....
actiefiguurtje

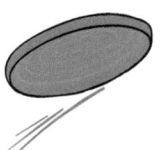

baju bayi
....
romper

frisbee
....
frisbee

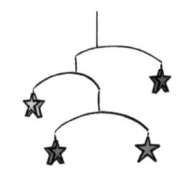

mainan bayi mudah alih
....
mobile

permainan papan
....
bordspel

dadu
....
dobbelsteen

set model kereta api
....
modeltrein

palsu
....
speen

parti
....
feestje

buku bergambar
....
prentenboek

bola
....
bal

anak patung
....
pop

main
....
spelen

lubang pasir

zandbak

buai

schommel

mainan

speelgoed

konsol permainan video

spelcomputer

basikal roda tiga

driewieler

anak patung beruang

teddybeer

almari pakaian

kleerkast

pakaian
kleding

stoking

sokken

stoking

kousen

ketat

panty

skarf
sjaal

eselamatan

payung
paraplu

kemeja-t
T-shirt

kasut sukan
sportschoenen

but
laarzen

selipar
pantoffels

sandal
sandalen

kasut
schoenen

but getah
rubberlaarzen

seluar dalam
onderbroek

coli
beha

ves
onderhemd

badan
body

Seluar panjang
broek

jean
spijkerbroek

skirt
rok

blaus
blouse

kemeja
overhemd

baju panas sarung
trui

sweater
hoody

blazer
blazer

jaket
jas

kot
mantel

baju hujan
regenjas

kostum
kostuum

pakaian
jurk

baju pengantin
trouwjurk

sut
pak

baju tidur
nachthemd

baju tidur
pyjama

sari
sari

skarf kepala
hoofddoek

serban
tulband

burqa
boerka

kaftan
kaftan

abaya/jubah
abaja

baju renang
zwempak

seluar renang
zwembroek

seluar pendek
korte broek

sut balapan
trainingspak

apron
schort

sarung tangan
handschoenen

butang

knoop

cermin mata

bril

gelang tangan

armband

rantai leher

ketting

cincin

ring

subang

oorbel

topi

pet

penyangkut kot

kledinghanger

topi

hoed

tali leher

stropdas

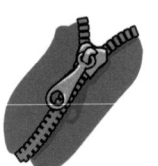

zip

rits

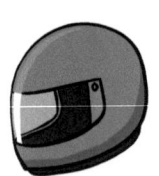

topi keledar

helm

pendakap

bretels

uniform sekolah

schooluniform

seragam

uniform

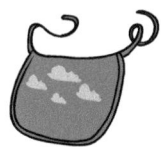

lapik dada

slabbetje

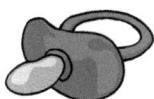

palsu

speen

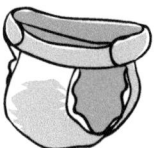

lampin

luier

pejabat
kantoor

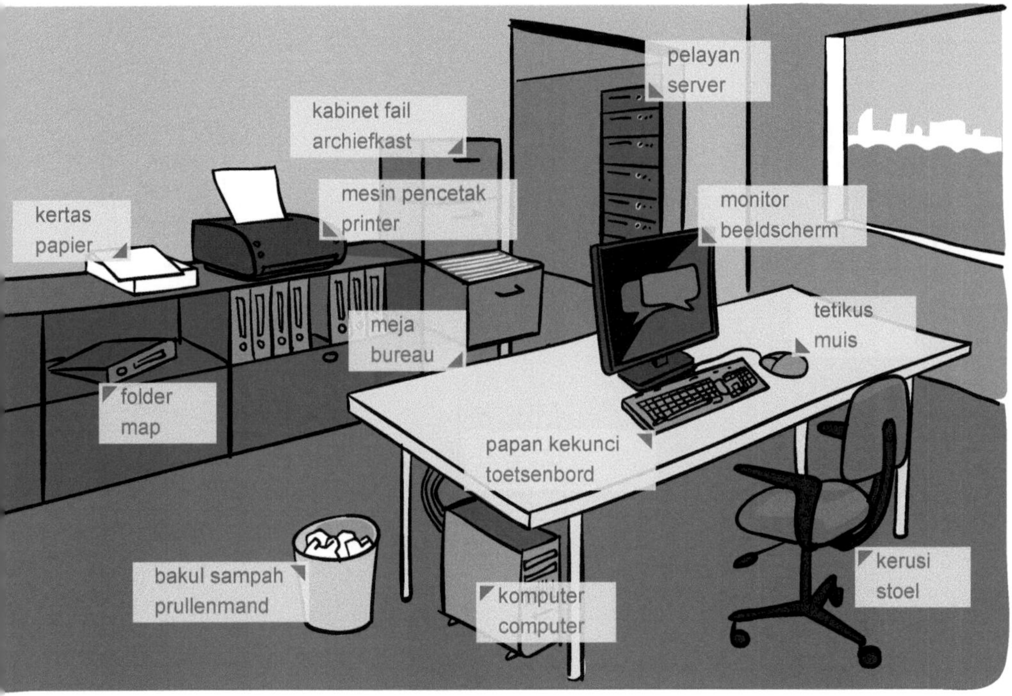

pelayan
server
kabinet fail
archiefkast
mesin pencetak
printer
kertas
papier
monitor
beeldscherm
tetikus
muis
meja
bureau
folder
map
papan kekunci
toetsenbord
kerusi
stoel
bakul sampah
prullenmand
komputer
computer

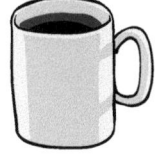

cawan kopi

koffiemok

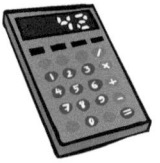

kalkulator

rekenmachine

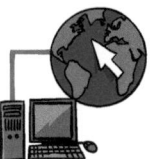

internet

internet

komputer riba

laptop

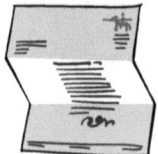

surat

brief

mesej

bericht

mudah alih

mobiele telefoon

rangkaian

netwerk

mesin fotokopi

kopieermachine

perisian

software

telefon

telefoon

soket plag

stopcontact

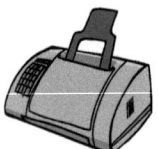

mesin faks

fax

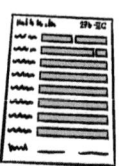

bentuk

formulier

dokumen

document

beli

kopen

bayar

betalen

berdagang

handel drijven

wang

geld

dolar

dollar

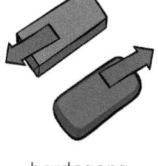

euro

euro

yen

yen

rubel

roebel

franc swiss

Zwitserse frank

renminbi yuan

renminbi yuan

rupee

roepie

mata tunai

geldautomaat

pejabat tukaran mata wang

wisselkantoor

emas

goud

perak

zilver

minyak

olie

tenaga

energie

harga

prijs

kontrak

contract

cukai

belasting

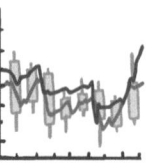

stok

aandeel

kerja

werken

pekerja

werknemer

majikan

werkgever

kilang

fabriek

kedai

winkel

ekonomi - economie

pekerjaan
beroepen

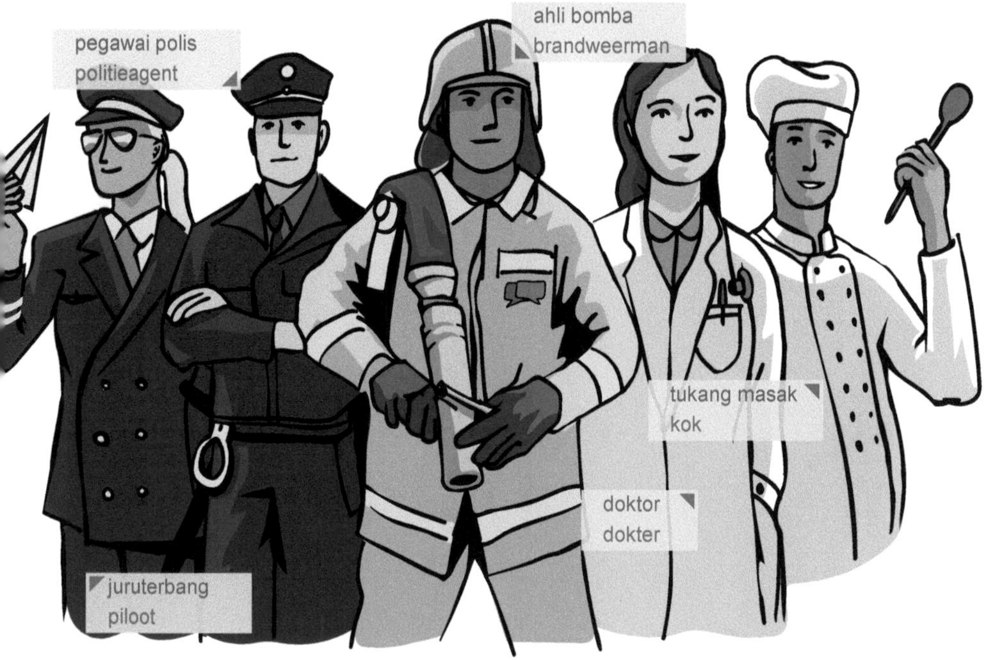
pegawai polis
politieagent
ahli bomba
brandweerman
tukang masak
kok
doktor
dokter
juruterbang
piloot

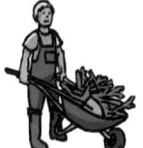

tukang kebun

tuinman

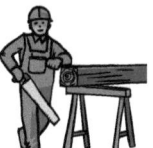

tukang kayu

timmerman

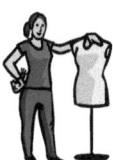

tukang jahit

naaister

hakim

rechter

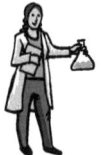

ahli kimia

scheikundige

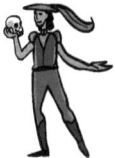

pelakon

toneelspeler

pemandu bas

buschauffeur

pemandu teksi

taxichauffeur

nelayan

visser

wanita pencuci

schoonmaakster

kasau

dakdekker

pelayan

ober

pemburu

jager

pelukis

schilder

bakeri

bakker

juruelektrik

elektricien

pembangun

bouwvakker

jurutera

ingenieur

penjual daging

slager

tukang paip

loodgieter

posmen

postbode

askar

soldaat

arkitek

architect

juruwang

kassier

kedai bunga

bloemist

pendandan rambut

kapper

konduktor

conducteur

mekanik

monteur

kapten

kapitein

doktor gigi

tandarts

ahli sains

wetenschapper

tuhanku

rabbi

imam

imam

sami

monnik

paderi

pastoor

alat
gereedschap

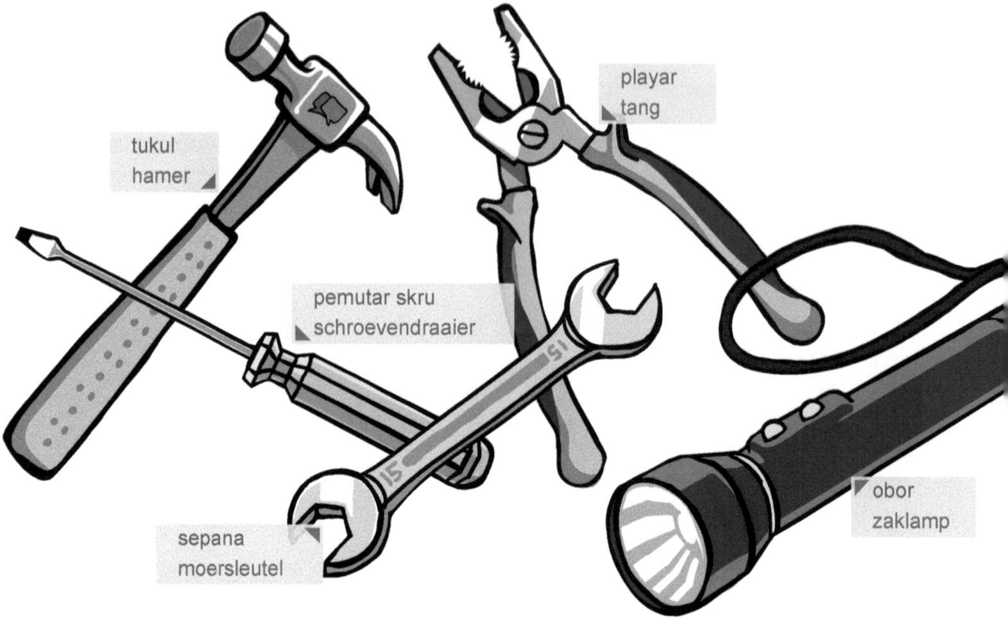

playar
tang
tukul
hamer
pemutar skru
schroevendraaier
obor
zaklamp
sepana
moersleutel

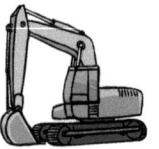

pengorek

graafmachine

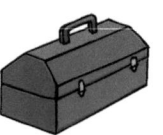

kotak peralatan

gereedschapskist

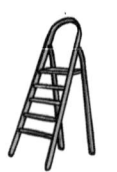

tangga

ladder

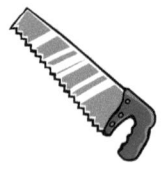

gergaji

zaag

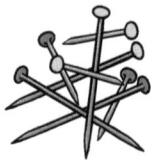

kuku

spijkers

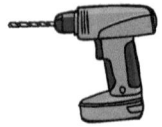

gerudi

boor

baiki
....
repareren

penyodok
....
schep

Celaka!
....
Verdorie!

penadah sampah
....
stofblik

periuk cat
....
verfpot

skru
....
schroeven

alat muzik
muziekinstrumenten

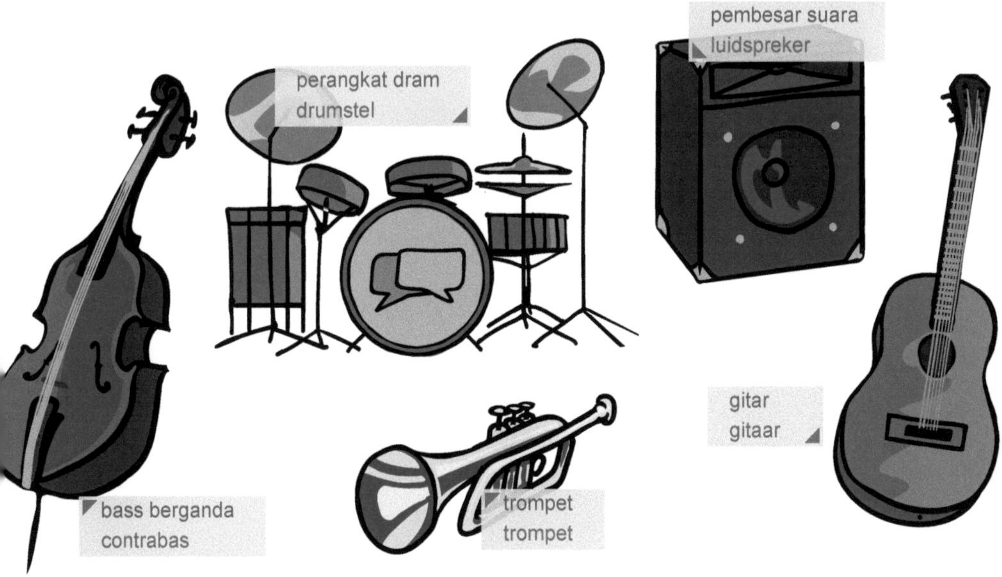

pembesar suara
luidspreker

perangkat dram
drumstel

gitar
gitaar

bass berganda
contrabas

trompet
trompet

piano

piano

biola

viool

bass

bas

timpani

pauk

dram

trommel

papan kekunci

keyboard

saksofon

saxofoon

seruling

fluit

mikrofon

microfoon

harimau
tijger

pintu masuk
ingang

sangkar
kooi

zebra
zebra

makanan haiwan
dierenvoer

panda
panda

haiwan

dieren

gajah

olifant

kanggaru

kangoeroe

badak sumbu

neushoorn

gorila

gorilla

beruang

beer

unta

kameel

burung unta

struisvogel

singa

leeuw

monyet

aap

flamingo

flamingo

nuri

papegaai

beruang kutub

ijsbeer

penguin

pinguïn

yu

haai

merak

pauw

ular

slang

buaya

krokodil

penjaga zoo

dierenverzorger

anjing laut

zeehond

jaguar

jaguar

kuda

pony

harimau

luipaard

badak air

nijlpaard

zirafah

giraffe

helang

adelaar

babi jantan

wild zwijn

ikan

vis

penyu

schildpad

anjing laut

walrus

musang

vos

rusa

gazelle

bola sepak Amerika
American football

berbasikal
wielrennen

tenis
tennis

bola keranjang
basketbal

renang
zwemmen

tinju
boksen

hoki ais
ijshockey

bola sepak
voetbal

badminton
badminton

olahraga
atletiek

bola baling
handbal

ski
skiën

polo
polo

lompat
springen

ketawa
lachen

peluk
knuffelen

berjalan
lopen

menyanyi
zingen

mimpi
dromen

berdoa
bidden

cium
kussen

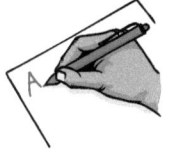

tulis
schrijven

lukis
tekenen

tunjuk
tonen

tolak
duwen

beri
geven

ambil
oppakken

ada
hebben

buat
doen

ialah
zijn

berdiri
staan

lari
rennen

tarik
trekken

buang
gooien

jatuh
vallen

tipu
liggen

tunggu
wachten

bawa
dragen

duduk
zitten

pakai
aankleden

tidur
slapen

bangkit
wakker worden

lihat pada

bekijken

menangis

huilen

strok

strelen

sikat

kammen

cakap

praten

faham

begrijpen

tanya

vragen

dengar

horen

minum

drinken

makan

eten

mengemas

opruimen

sayang

houden van

masak

koken

pandu

rijden

terbang

vliegen

aktiviti - activiteiten

65

belayar

zeilen

kira

rekenen

baca

lezen

belajar

leren

kerja

werken

nikah

trouwen

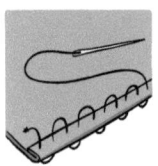

jahit

naaien

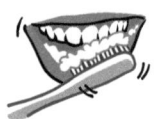

memberus gigi

tandenpoetsen

bunuh

doden

asap

roken

hantar

verzenden

nenek
grootmoeder

datuk
grootvader

bapa
vader

ibu
moeder

bayi
baby

anak perempuan
dochter

anak lelaki
zoon

tetamu

gast

mak cik

tante

pak cik

oom

abang

broer

kakak

zus

badan

lichaam

dahi
voorhoofd
mata
oog
bahu
schouder
jari
vinger
muka
gezicht
dagu
kin
tangan
hand
kaki
been
dada
borst
lengan
arm

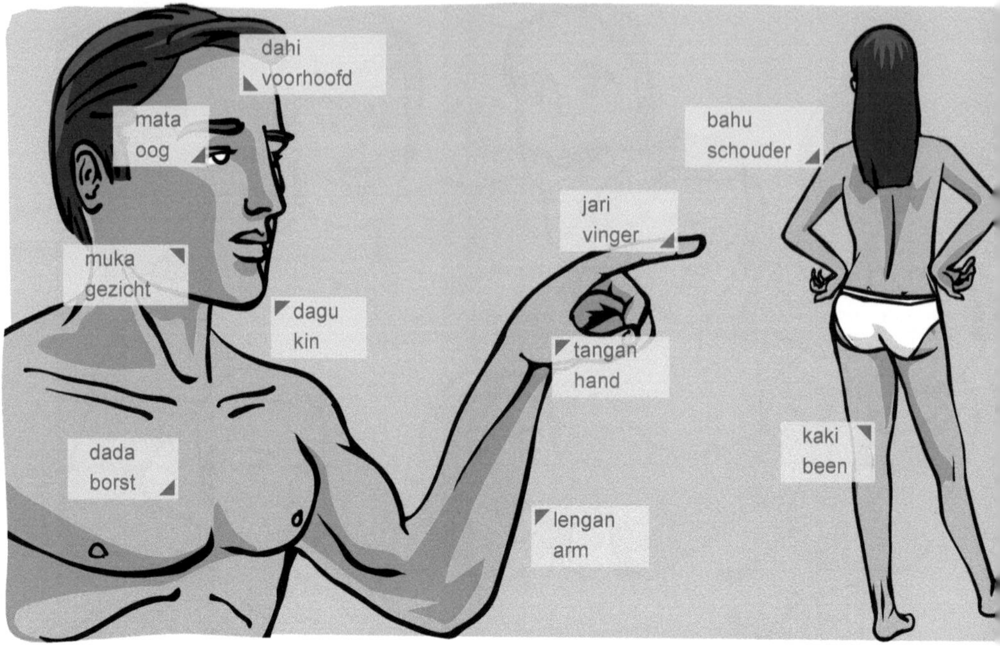

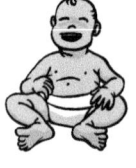

bayi
baby

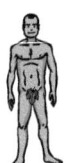

lelaki
man

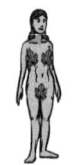

wanita
vrouw

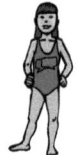

perempuan
meisje

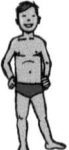

lelaki
jongen

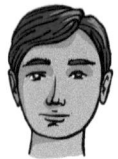

kepala
hoofd

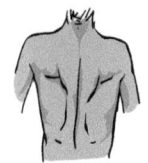

belakang
rug

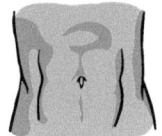

bawah perut
buik

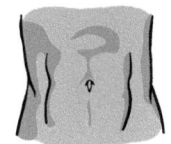

pusat
navel

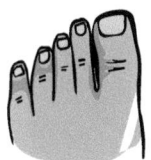

jari kaki
teen

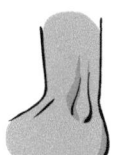

tumit
hiel

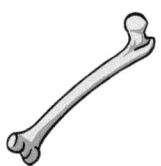

tulang
bot

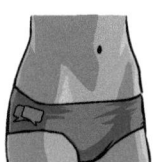

pinggul
heup

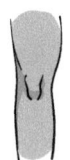

lutut
knie

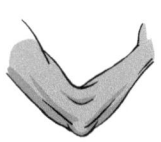

siku
elleboog

hidung
neus

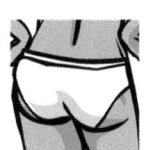

bawah
achterwerk

kulit
huid

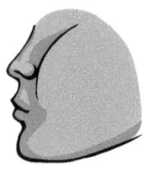

pipi
wang

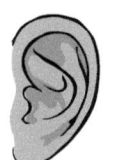

telinga
oor

bibir
lippen

mulut

mond

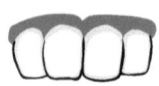

gigi

tand

lidah

tong

otak

hersenen

hati

hart

otot

spier

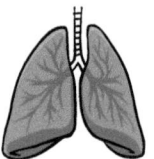

paru-paru

long

hati

lever

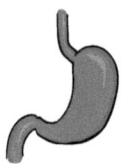

perut

maag

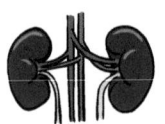

buah pinggang

nieren

seks

geslachtsgemeenschap

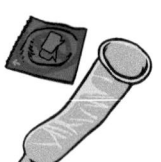

kondom

condoom

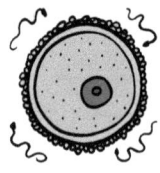

faraj

eicel

mani

sperma

mengandung

zwangerschap

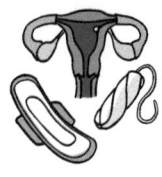

haid

menstruatie

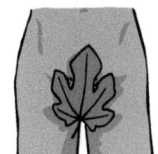

faraj

vagina

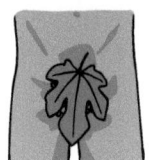

penis

penis

kening

wenkbrauw

rambut

haar

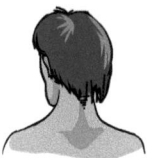

leher

hals

hospital
ziekenhuis

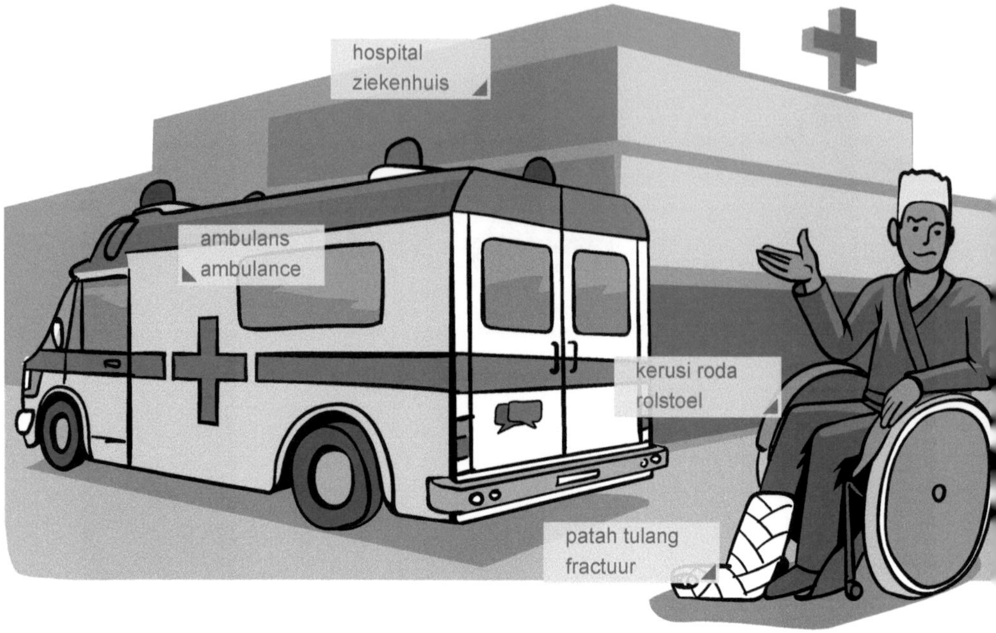

hospital
ziekenhuis
ambulans
ambulance
kerusi roda
rolstoel
patah tulang
fractuur

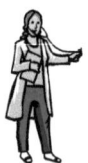

doktor

dokter

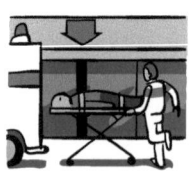

bilik kecemasan

EHBO

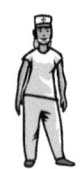

jururawat

verpleegster

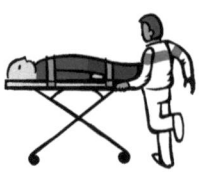

kecemasan

noodgeval

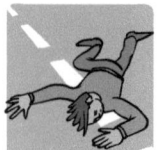

tak sedar

bewusteloos

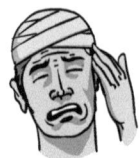

sakit

pijn

kecederaan

verwonding

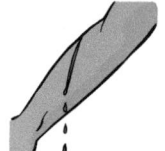

pendarahan

bloeding

serangan jantung

hartaanval

strok

beroerte

alergi

allergie

batuk

hoest

demam

koorts

selesema

griep

cirit-birit

diarree

sakit kepala

hoofdpijn

kanser

kanker

diabetes

diabetes

pakar bedah

chirurg

pisau bedah

scalpel

pembedahan

operatie

CT
CT

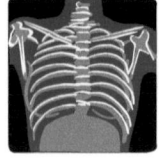

x-ray
röntgen

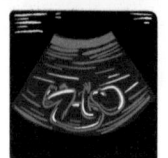

ultrabunyi
echografie

topeng muka
gezichtsmasker

penyakit
ziekte

bilik menunggu
wachtkamer

penongkat
kruk

plaster
pleister

pembalut
verband

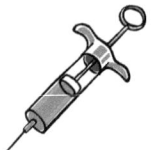

suntikan
injectie

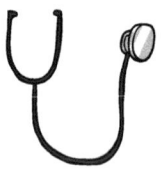

stetoskop
stethoscoop

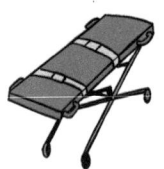

pengusung
brancard

termometer klinik
thermometer

kelahiran
geboorte

berat badan berlebihan
overgewicht

alat pendengaran

gehoorapparaat

disinfektan

ontsmettingsmiddel

jangkitan

infectie

virus

virus

HIV / AIDS

HIV / AIDS

perubatan

medicijn

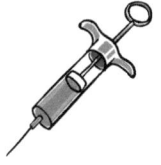

vaksinasi

inenting

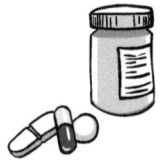

tablet

tabletten

pil

pil

panggilan kecemasan

alarmnummer

pantau tekanan darah

bloeddrukmeter

sakit / sihat

ziek / gezond

Tolong!

Help!

penggera

alarm

serang

overval

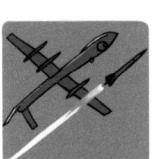

serangan

aanval

bahaya

gevaar

pintu kecemasan

nooduitgang

Api!

Brand!

alat pemadam api

brandblusser

kemalangan

ongeluk

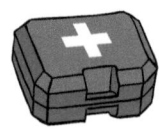

alat pertolongan cemas

EHBO-koffer

SOS

SOS

polis

politie

Eropah
Europa

Amerika Utara
Noord-Amerika

Amerika Selatan
Zuid-Amerika

Afrika
Afrika

Asia
Azië

Australia
Australië

Atlantic
Atlantische Oceaan

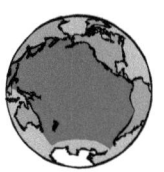

Pasifik
Stille Oceaan

Lautan Hindi
Indische Oceaan

Lautan Antartik
Zuidelijke Oceaan

Lautan Artik
Noordelijke IJszee

Kutub utara
Noordpool

Kutub Selatan

Zuidpool

Antartika

Antarctica

bumi

aarde

tanah

land

laut

zee

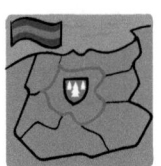

pulau

eiland

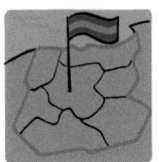

negara

natie

negeri

staat

muka jam
....
wijzerplaat

tangan jam
....
uurwijzer

tangan minit
....
minutenwijzer

terpakai
....
secondewijzer

Jam berapa sekarang
....
Hoe laat is het?

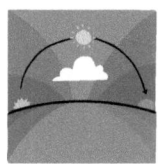

hari
....
dag

masa
....
tijd

sekarang
....
nu

jam digital
....
digitaal horloge

minit
....
minuut

jam
....
uur

minggu
week

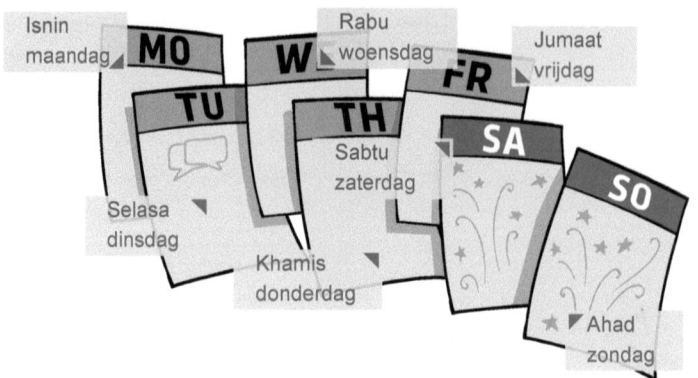

Isnin
maandag

Rabu
woensdag

Jumaat
vrijdag

Selasa
dinsdag

Khamis
donderdag

Sabtu
zaterdag

Ahad
zondag

semalam

gisteren

hari ini

vandaag

esok

morgen

pagi

ochtend

tengah hari

middag

petang

avond

hari kerja

werkdagen

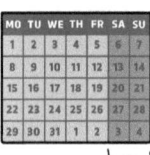

hari minggu

weekend

hujan
regen

pelangi
regenboog

salji
sneeuw

angin
wind

musim bunga
voorjaar

musim luruh
herfst

musim panas
zomer

musim salji
winter

4.APRIL	11°	☀
5.APRIL	4°	🌧
6.APRIL	13°	🌧
7.APRIL	8°	❄
8.APRIL	10°	☀

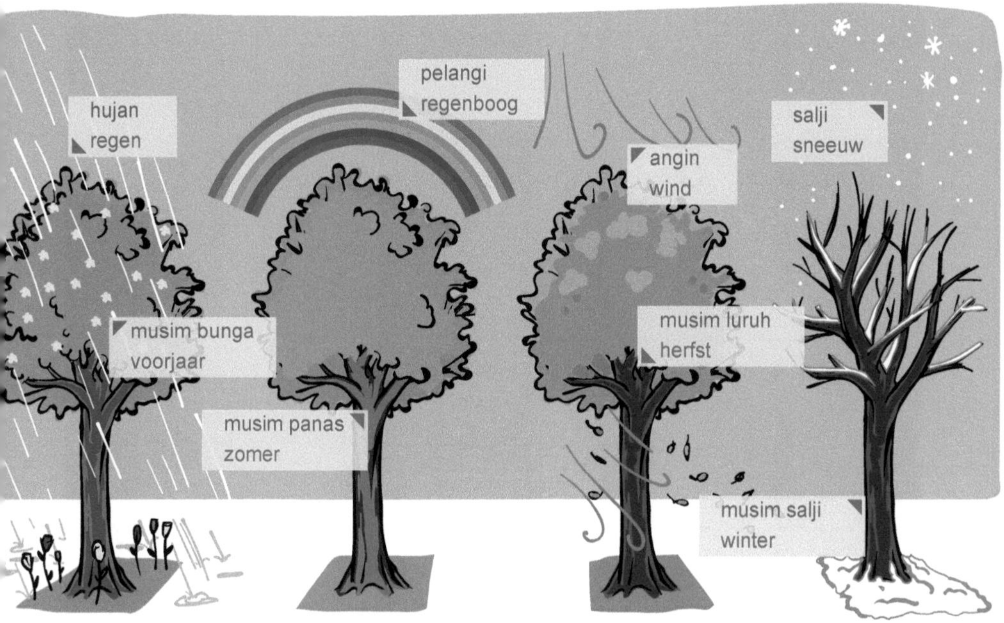

ramalan cuaca
weerbericht

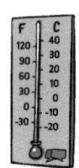

termometer
thermometer

sinar matahari
zonneschijn

awan
wolk

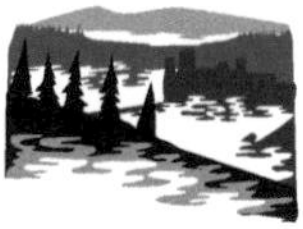

kabus
mist

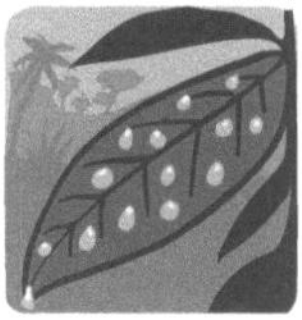

lembapan
luchtvochtigheid

kilat

bliksem

petir

donder

ribut

storm

hujan batu

hagel

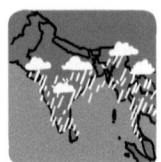

monsun

moesson

banjir

overstroming

ais

ijs

Januari

januari

Februari

februari

Mac

maart

April

april

Mei

mei

Jun

juni

Julai

juli

Ogos

augustus

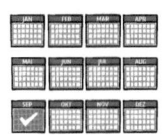

September
....
september

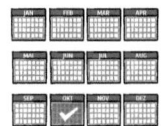

Oktober
....
oktober

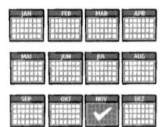

November
....
november

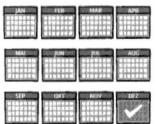

Disember
....
december

bentuk

vormen

bulatan
....
cirkel

petak
....
vierkant

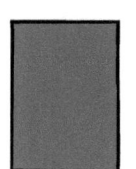

segi empat tepat
....
rechthoek

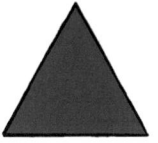

segitiga
....
driehoek

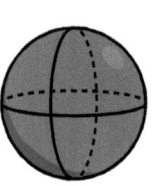

sfera
....
bol

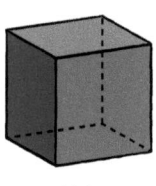

kiub
....
kubus

putih

wit

kuning

geel

oren

oranje

merah jambu

roze

merah

rood

ungu

paars

biru

biauw

hijau

groen

coklat

bruin

kelabu

grijs

hitam

zwart

banyak / sedikit

veel / weinig

marah / tenang

boos / rustig

cantik / hodoh

mooi / lelijk

bermula / tamat

begin / einde

besar kecil

groot / klein

terang / gelap

licht / donker

abang / kakak

broer / zus

bersih / kotor

schoon / vies

lengkap / tidak lengkap

volledig / onvolledig

hari / malam

dag/ nacht

mati / hidup

dood / levend

luas / sempit

breed / smal

boleh dimakan / tidak boleh dimakan
....
eetbaar / oneetbaar

jahat / baik
....
gemeen / aardig

teruja / bosan
....
opgewonden / verveeld

gemuk / kurus
....
dik / dun

pertama / terakhir
....
eerste / laatste

kawan / musuh
....
vriend / vijand

penuh / kosong
....
vol / leeg

keras / lembut
....
hard / zacht

berat / ringan
....
zwaar / licht

lapar / dahaga
....
honger / dorst

sakit / sihat
....
ziek / gezond

menyalahi undang-undang / undang-undang
....
illegaal / legaal

pintar / bodoh
....
intelligent / dom

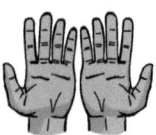

kiri / kanan
....
links / rechts

dekat / jauh
....
dichtbij / ver

baru / lama

nieuw / gebruikt

tiada / sesuatu

niets / iets

tua / muda

oud / jong

hidup / mati

aan / uit

terbuka / tertutup

open / gesloten

diam / bising

zacht / luid

kaya / miskin

rijk / arm

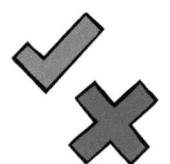

betul / salah

goed / fout

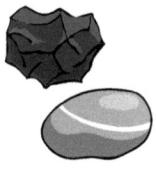

kasar / halus

ruw / glad

sedih / gembira

verdrietig / gelukkig

pendek / panjang

kort / lang

lambat / laju

langzaam / snel

basah / kering

nat / droog

panas / sejuk

warm / koel

berperang / berdamai

oorlog / vrede

0	**1**	**2**
sifar	satu	dua
nul	één	twee

3	**4**	**5**
tiga	empat	lima
drie	vier	vijf

6	**7**	**8**
enam	tujuh	lapan
zes	zeven	acht

9	**10**	**11**
sembilan	sepuluh	sebelas
negen	tien	elf

12

dua belas

twaalf

13

tiga belas

dertien

14

empat belas

veertien

15

lima belas

vijftien

16

enam belas

zestien

17

tujuh belas

zeventien

18

lapan belas

achttien

19

Sembilan belas

negentien

20

dua puluh

twintig

100

ratus

honderd

1.000

ribu

duizend

1.000.000

juta

miljoen

Bahasa Inggeris

Engels

Bahasa Inggeris Amerika

Amerikaans Engels

Bahasa Cina Mandarin

Chinees Mandarijn

Bahasa Hindi

Hindi

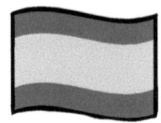

Bahasa Sepanyol

Spaans

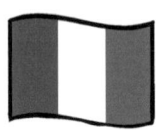

Bahasa Perancis

Frans

Bahasa Arab

Arabisch

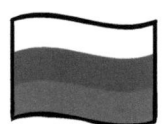

Bahasa Rusia

Russisch

Bahasa Portugis

Portugees

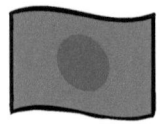

Bahasa Benggali

Bengalees

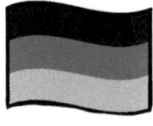

Bahasa Jerman

Duits

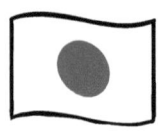

Bahasa Jepun

Japans

saya

ik

anda

jij

dia / dia / ia

hij / zij / het

kita

wij

anda

jullie

mereka

zij

siapa?

wie?

apa?

wat?

bagaimana?

hoe?

di mana?

waar?

bila?

wanneer?

nama

naam

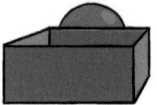

belakang
....
achter

dalam
....
in

di hadapan
....
voor

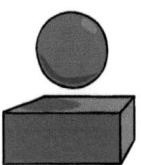

lebih
....
boven

pada
....
op

di bawah
....
onder

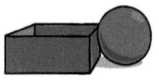

bersebelahan
....
naast

antara
....
tussen

tempat
....
plaats